투덜투덜 그림일기

글 박현숙

동화를 쓰고 아이들과 수다 떠는 걸 제일 좋아하는 어른이에요. 2006년 대전일보 신춘문예에 동화가 당선되어 작가가 되었어요. 제1회 살림어린이문학상 대상을 받았고 한국문화예술위원회 창작지원금을 받았어요. 그동안 쓴 책으로는 『똥은 주인을 닮았다』 『국경을 넘는 아이들』 『크게 외쳐!』 『매일매일 아침밥 먹으리』 『도와 달라고 소리쳐!』 『수상한 아파트』를 비롯한 '수상한 시리즈', 『뻔뻔한 가족』 『칭찬 샤워』 『시원탕 옆 기억사진관』 등 130여 권의 동화책과 청소년 소설이 있어요. 오늘도 어떤 재미있는 동화를 쓸까 고민고민하고 있어요. 어떤 아이들과 수다를 떨까 궁리궁리하기도 하고요.

그림 황하석

경희대학교와 대학원에서 일러스트레이션을 공부했고, 출판미술대전에서 여러 차례 수상했어요. 지금은 대학에서 학생들을 가르치며, 어린이책에 그림을 그리고 있어요. 그린 책으로는 『꼬마 추장 우수리』 『행복한 우울 바이러스』 『알쏭달쏭 알라딘은 단위가 헷갈려』 『지켜 줘요 완전 소중한 인권』 등이 있어요. 이번 작품은 수채화, 아크릴, 젯소, 색연필 등 다양한 재료들로 그렸어요.

투덜투덜 그림일기

박현숙 글 | 황하석 그림

살림어린이

박물관이 왁자지껄해졌어요.
"음음. 아이들이 견학을 왔군."
꾸벅꾸벅 졸던 기와도깨비는 눈을 번쩍 떴어요.
"요강이다, 요강. 오줌 누는 요강."
보글보글 파마머리 아이가 도자기를 보고 소리쳤어요.
"어디? 어디?"
"저기에다 정말 오줌을 누었어?"
아이들은 와르르 도자기 곁으로 몰려들었어요.
"에이그, 요강하고 도자기도 구별하지 못하다니.
그것은 천오백 년 전에 만들어진 귀하고 귀한 도자기니라."
기와도깨비는 혀를 쯧쯧 찼어요.

"선생님, 이건 뭐예요? 엄청 못생겼어요."
보글보글 파마머리 아이가 기와도깨비를 가리키며 물었어요.
못생겼다는 말에 아이들이 몰려와 낄낄거리며 웃었어요.
"지붕에 올리는 기와인데 도깨비가 변한 기와야.
똑똑한 도깨비는 기와가 될 수 있었대."
기와도깨비는 눈썹을 움찔거렸어요.
못생겼다니! 이천 년 만에 처음 들어 보는 말이에요.

"이제 밖으로 나가서 점심을 먹어요."
선생님 말에 아이들이 우르르 밖으로 나갔어요.
고소한 참기름 냄새가 바람을 타고 솔솔 들어왔어요.
"응? 이게 무슨 냄새지? 이렇게 맛있는 냄새는 처음이야."

좌리좌리 수리수리 변신술!

기와도깨비는 한 줌 바람으로 변해 밖으로 나갔어요.
고소한 냄새는 보글보글 파마머리 아이의 김밥에서 났어요.
"도저히 참을 수 없다."
기와도깨비는 날름날름 김밥을 주워 먹었어요.

좌리좌리 수리수리 변신술!

"아함, 배가 부르니 졸리네."
제자리로 돌아온 기와도깨비는 계속 하품을 했어요.
그러다 코를 골며 깊은 잠에 빠져들었어요.

못난이
메롱!

얼마나 잤을까요?
잠에서 깬 기와도깨비는 낙서 때문에 눈이 휘둥그레졌어요.
"기와도깨비가 되는 어려운 시험도 모두 통과한 나에게 바보라고?
분명 그 파마머리 아이가 그랬을 거야.
내가 가만둘 줄 알고?"
기와도깨비는 아랫입술을 꼭 깨물었어요.

좌리좌리 수리수리 변신술!

기와도깨비는 한 줌 빛으로 변했어요.
기와도깨비는 김밥 냄새를 기억해 냈어요.

잠깐
외출 다녀옴.
찾지 않으셔도
제발로 걸어옴

"어르신 도깨비를 놀리는
고약하고 괘씸한 이놈, 잡기만 해 봐라."
기와도깨비는 냄새를 따라 길을 떠났어요.

햇살이 된 기와도깨비는 교문 위에 올라앉아 이리저리 살폈어요.
"오호, 저기 오고 있군."
보글보글 파마머리 아이가 학교를 향해 걸어오고 있었어요.

좌리좌리 수리수리 변신술!

하지만 사람으로 변신한 지 하도 오래되어 마음대로 되지 않았어요.
"끄응, 변신술!"
"야압, 변신술!"
"아이고, 어렵다. 정신 집중! 변신술!"
드디어 기와도깨비는 사람으로 변신하는 데 성공했어요.

"아저씨는 누구세요?"
"네가 박물관에 낙서했지?"
"아닌데요."
"내가 다 알고 왔거든."
"아악, 살려 줘요! 이 아저씨가 나를 유괴하려고 해요."
보글보글 파마머리 아이가 갑자기 소리를 질렀어요.

"어험, 이런 나쁜 사람 같으니라고."
기와도깨비는 경찰서로 잡혀갔어요.
"나는 유괴범이 아니에요. 착한 기와도깨비…… 아니, 인간이라고요."
기와도깨비는 억울해서 견딜 수가 없었어요.
이것저것 한참 조사를 한 후 겨우겨우 풀려났지요.

기와도깨비는 학교 담 밑에 쪼그리고 앉았어요.
피곤하기도 하고 배도 고팠어요.
저만큼에서 지켜보던 파마머리 아이가 슬금슬금 다가왔어요.
"아저씨 유괴범 아니라면서요?"
"내가 아니라고 했잖아."

"그럼 아저씨는 누구세요?"
"박물관에 낙서한 아이를 찾으러 왔지."
"낙서한 아이를 찾지 못하면 박물관에서 쫓겨나요?"
"뭐, 그럴 수도 있지."
"저런! 그럼 제가 도와드릴게요."

"그림일기가 뭔데?"
"에이, 아저씨는 어렸을 때 그림일기 안 써 봤어요?
오늘 있었던 일을 그림으로 그리고 글로 나타내는 게 그림일기예요.
글로 나타내기 어려운 장면을 그림으로 그리니까 재미있는 일기죠."
파마머리 아이는 자신의 그림일기를 내밀었어요.

기와도깨비는 그림일기를 유심히 바라봤어요.
"부탁이 있다. '못생긴 도깨비' 말고 '잘생긴 도깨비'라고 쓰면 안 될까?"
"안 돼요. 일기는 꾸며서 써도 안 되고 거짓말을 써도 안 돼요. 사실대로 써야 해요."
끄응! 기와도깨비는 입을 다물었어요.

📓 그림일기를 쓸 때 날짜와 날씨를 꼭 써야 해요.

그래야 나중에 봐도 언제 있었던 일인지 알 수 있어요.
날짜와 날씨를 재미있게 표현할 수도 있어요.
날짜: 20xx년 x월 xx일 1학년이 된 지 xx일째 되는 날
날씨: 우르릉 쾅쾅! 천둥 치고 비 옴.

좌리좌리 수리수리 변신술!

기와도깨비는 투명 도깨비로 변했어요.
기와도깨비는 교실 바닥에 퍼질러 앉아
아이들 사물함에서 그림일기를 꺼내 읽었어요.
"이 아이도 아니고."
"이 아이도 아니고."
"여기 있다! 찾았다!"
기와도깨비는 그림일기장을 들고 벌떡 일어났어요.

날짜: 4월 7일   날씨: 하늘에 구름이 둥실둥실 떠 있어요

제목: 낙서한 날

박물관 견학을 갔다. 요강도 있고 부처님도 있었다.
나는 기와도깨비도 봤다. 못생기고 바보 같이 생겼다.
나는 친구들 몰래 싸인펜으로 메롱, 바보 이렇게 낙서를 했다.
재미있어서 자꾸 히히 웃음이 나왔다.

기와도깨비는 화가 나서 참을 수가 없었어요.
"데굴데굴 굴러다니는 공으로 만들어 버릴까?
구릿구릿 냄새나는 똥으로 만들어 버릴까?"
기와도깨비는 곰곰이 생각에 잠겼어요.
"아, 괘씸한 아이의 이름이 뭔지 알아야지."
기와도깨비는 그림일기장 앞에 쓰인 이름을 봤어요.
"도은비? 우리 도깨비 친척인가?"
기와도깨비는 도은비 그림일기장에 그림일기를 썼어요.

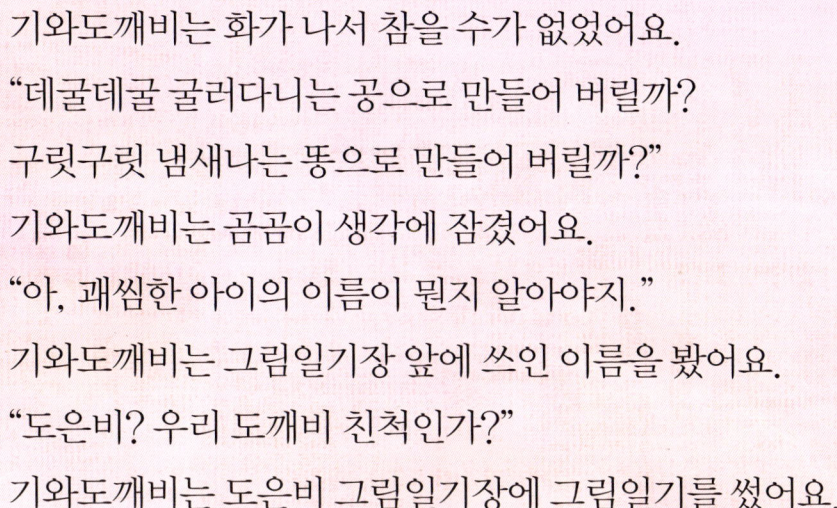

📓 **제목을 써 주어요.**

그러면 어떤 내용인지 한눈에 알 수 있어요.
제목: 친구가 내 별명을 지어 준 날
제목: 똥 쌀 뻔했다

"선생님, 누가 내 그림일기장에 낙서했어요."
도은비가 울음을 터뜨렸어요.
은비는 좀처럼 울음을 멈추지 않았어요.
선생님이 한숨을 쉬고 아이들도 한숨을 쉬었어요.
"저렇게 오래 우는 아이는 처음이야."
기와도깨비도 교실 구석에 서서 중얼거렸어요.

"아저씨가 그랬지요?"
보글보글 파마머리 아이가 기와도깨비에게 다가와 물었어요.
"내가 보이느냐?"
"아저씨한테 냄새가 나거든요. 이를 닦지 않아 구린내."
기와도깨비는 얼른 손으로 입을 막았어요.
"그런데요, 아저씨. 일기는 오늘 나에게 일어난 일을 쓰는 거잖아요?
그러니까 '오늘' '나는' 이런 말은 쓰지 않는 게 좋아요."
"응응."
기와도깨비는 입을 막은 채 고개만 끄덕였어요.

그림일기는 내가 주인공이 되어 쓰는 글이에요.
오늘 겪은 일을 쓰는 글이기도 하고요.
그러니까 '나는' '오늘' 이런 말은 쓰지 않도록 해요.

도은비가 그림일기를 쓰고 있어요.
"남에게 못생겼다고, 바보 같다고 하는 것도 나쁜 거야."
기와도깨비는 도은비 귀에 대고 속삭였어요.
"아! 귀 간지러워."
도은비는 손가락으로 귀를 콕콕 쑤셨어요.
그러고는 이렇게 덧붙였어요.
'친구를 놀리는 것도 나쁜 거다. 놀리지 말아야겠다.'
기와도깨비는 슬그머니 도은비 머리를 쓰다듬었어요.

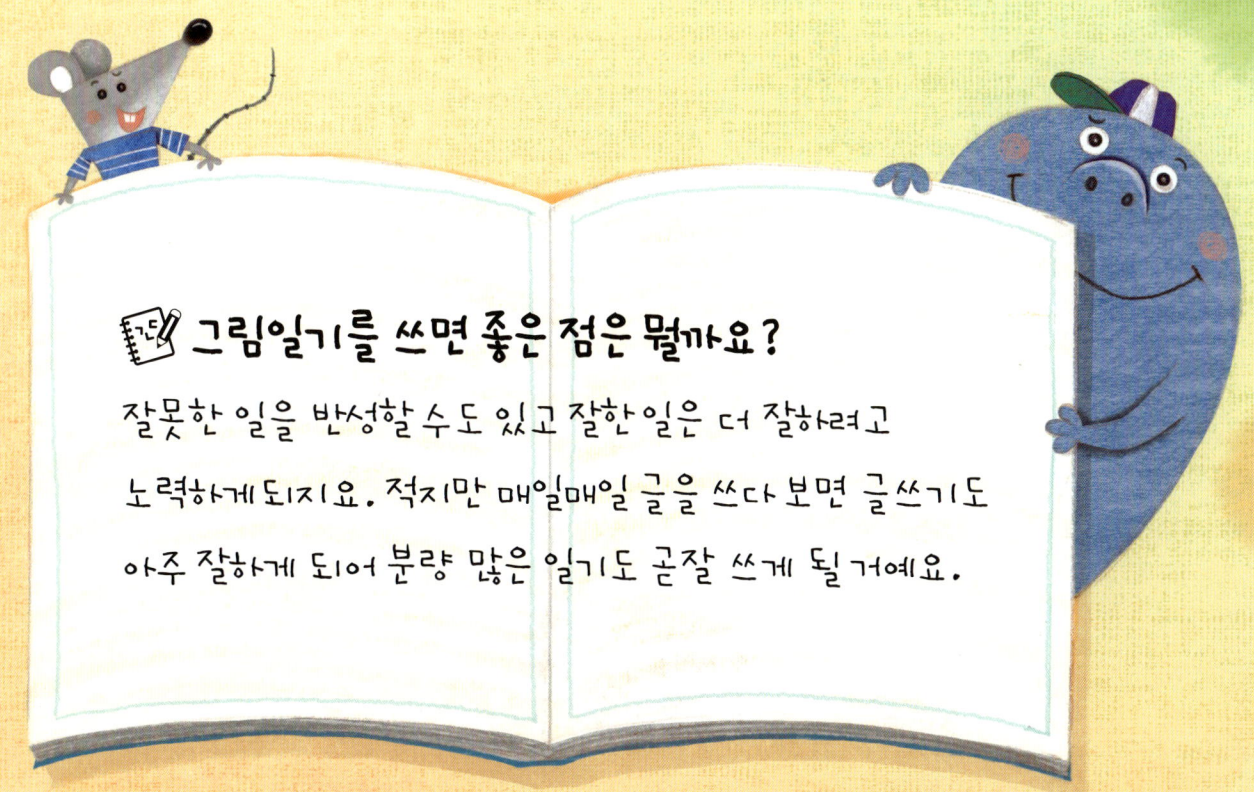

그림일기를 쓰면 좋은 점은 뭘까요?

잘못한 일을 반성할 수도 있고 잘한 일은 더 잘하려고 노력하게 되지요. 적지만 매일매일 글을 쓰다 보면 글쓰기도 아주 잘하게 되어 분량 많은 일기도 곧잘 쓰게 될 거예요.

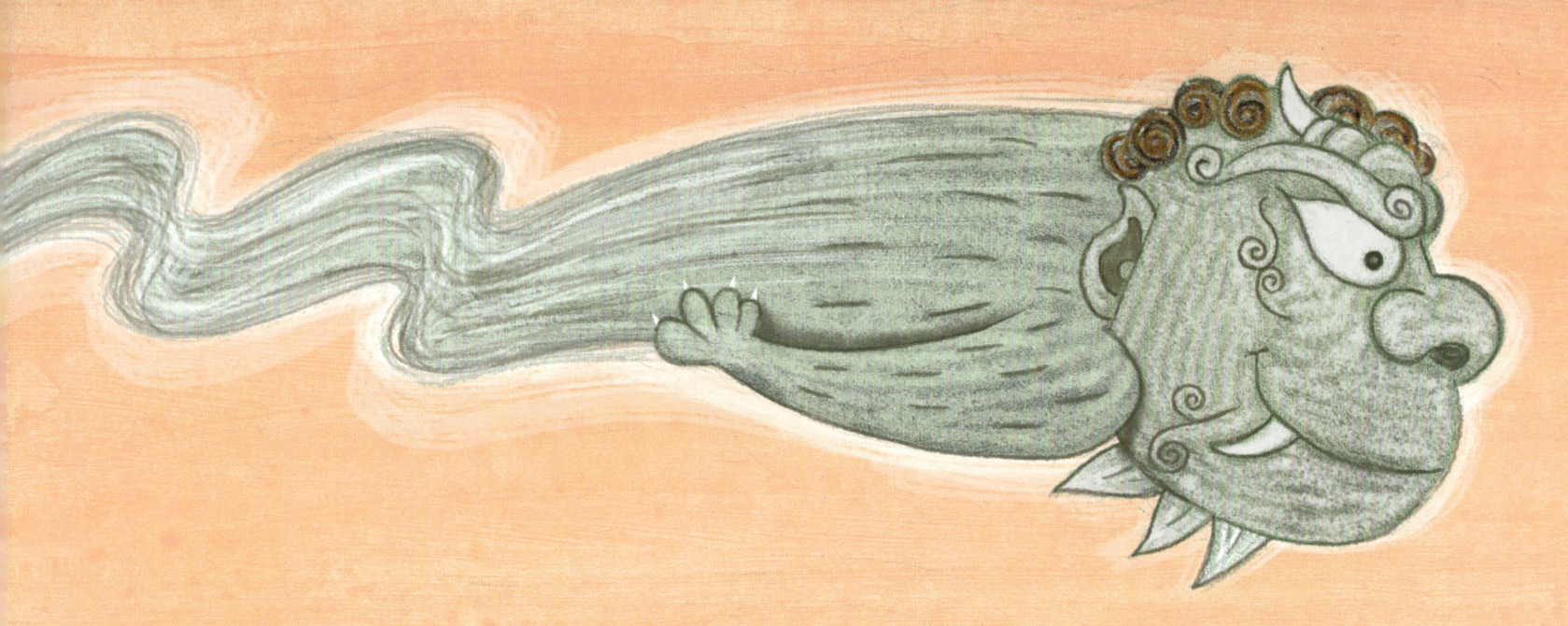

좌리좌리 수리수리 변신술!

"내가 없어져서 박물관에 한바탕 난리가 났겠군."
기와도깨비는 바람으로 변해 한달음에 박물관으로 날아갔어요.
그러고는 아무 일도 없었다는 듯 제자리에 얌전히 앉았어요.
낙서는 관리인 아저씨가 말끔히 지워 주셨답니다.

그림일기를 통해서 글쓰기 능력을 키워 가요!

부모님이 보세요!

그림일기는 아이들이 학교에 입학하고 처음으로 쓰게 되는 글이에요. 아이들은 일기를 쓰는 일 즉, 일어난 일과 그에 대한 생각을 정리해서 글로 남기는 일을 어려워합니다. 또 아이들을 지도하는 부모님들에게도 큰 부담이지요. 하지만 일기를 꾸준히 쓰다 보면 하루의 일을 스스로 정리할 줄 알게 되고, 생각을 표현하는 능력도 키울 수 있어요.

❶ '그림일기'란 무엇일까?

'일기'는 하루 동안 있었던 일 중에서 가장 인상 깊었던 일을 쓴 글이야. 있었던 일에 대한 생각과 느낌을 덧붙여서 쓰면 되는 것이지. 이렇게 쓴 일기에 그림을 그리면 그림일기가 되는 거야.

❷ 그림일기를 쓰면 좋은 점은 무엇일까?

그림일기를 쓰면 그날 있었던 중요한 일을 나중에도 기억할 수 있어. 또 잘못한 일을 반성할 수도 있고, 잘한 일은 더 잘하려고 노력하게 될 거야. 매일매일 일기를 쓰면 글쓰기도 아주 잘하게 되고, 자기 생각을 표현하는 능력도 늘어나겠지?

❸ 그림일기는 어떻게 쓸까?

세 가지만 기억하면 돼. 언제 어디에서 있었던 일인지, 어떤 일이 있었는지, 어떤 생각이나 느낌이 들었는지를 쓰면 돼. 파마머리 아이가 일기를 쓰기 위해 어떤 일을 떠올렸는지 물어볼까?

기와도깨비: 언제 어디에서 일어난 일을 쓸 거지?

파마머리 아이: 오늘 아침, 학교에서 일어난 일을 쓸 거예요!

기와도깨비: 어떤 일이었어?

파마머리 아이: 아저씨가 저에게 박물관에 낙서했냐면서 따졌어요.

기와도깨비: 그래서 어떤 생각이나 느낌이 들었지?

파마머리 아이: 아저씨가 무서웠어요. 그런데 유괴범이 아니라는 걸 알고 나서 조금 미안했어요.

어때, 쉽지? 이런 식으로 세 가지를 먼저 생각하고 나면 일기를 쓰는 것이 더 쉬워질 거야.

④ 그림일기의 제목은 어떻게 정할까?

그림일기의 제목은 일기를 한 줄로 나타내는 것이라고 생각하면 돼. 그림일기를 쓰기 전에 제목부터 정해도 좋아. 물론 그림일기를 다 쓴 후에 다시 읽어 보면서 제목을 지어도 돼. 참! 재미있는 제목을 붙이면 좋겠지?

⑤ 어떻게 하면 그림일기를 더 자세하게 쓸 수 있을까?

일기를 쓰다 보면 더 생생하게 쓰고 싶어질 거야. 이럴 때 꾸며 주는 말을 쓰면 돼.

> 박물관 견학을 갔다. 못생긴 기와도깨비가 있었다. 그리고 요강 같은 도자기도 보았다. 참기름 냄새가 솔솔 나는 김밥은 정말 맛있었다. 하늘을 나는 듯 기분이 좋았다.

파마머리 아이가 쓴 일기의 한 부분이야. 밑줄 친 부분들이 꾸며 주는 말들이야. 이렇게 꾸며 주는 말을 넣어서 쓰면 더 자세하고 생생하게 나타낼 수 있어.

처음 시작하는 학교 공부 02
투덜투덜 그림일기

펴낸날	초판 1쇄 2015년 3월 20일
	초판 5쇄 2024년 5월 17일
지은이	박현숙
그린이	황하석
펴낸이	심만수
펴낸곳	(주)살림출판사
출판등록	1989년 11월 1일 제9-210호
주소	경기도 파주시 광인사길 30
전화	031-955-1350 팩스 031-624-1356
홈페이지	http://www.sallimbooks.com
이메일	book@sallimbooks.com
ISBN	978-89-522-3098-0 74800

살림어린이는 (주)살림출판사의 어린이 브랜드입니다.

※ 값은 뒤표지에 있습니다.
※ 잘못 만들어진 책은 구입하신 서점에서 바꾸어 드립니다.

사용연령 8세 이상 **제조국** 대한민국
제조년월 2024년 5월 17일 **제조자명** (주)살림출판사
연락처 031-955-1350
주소 경기도 파주시 광인사길 30
주의사항 책을 던지거나 떨어뜨리면 모서리에 다칠 우려가 있으니 주의하세요.
KC마크는 이 제품이 공통안전기준에 적합하였음을 의미합니다.